Ulrike Brommer

Schwäbisches Gutsles-Büchle

Ulrike Brommer

Schwäbisches Gutsles-Büchle

*52 ausgewählte Weihnachtsgebäckrezepte
für Köche
und Hausfrauen*

mit 6 Cartoons von Heinz Schindele

Hugo Matthaes
Druckerei und Verlag
GmbH & Co. KG
Stuttgart

ISBN 3-87516-082-7

Printed in Germany – Imprimé en Allemagne
Gesamtherstellung
Hugo Matthaes Druckerei und Verlag
GmbH & Co. KG, Stuttgart

Gutslesbacken im Schwabenland

Gutsle, das sind für den Schwaben die Ausstecherle, Butter-„S“le, Springerle, Vanillebrötle, Zimtsterne und Lebkuchen – kurzum, das Weihnachtsgebäck schlechthin. Seine bunte Fülle ist der Stolz einer schwäbischen Hausfrau und ein gewichtiges Element einheimischer Eßkultur. Die dem Volkscharakter eigentümliche Sparsamkeit kommt hier ausnahmsweise nicht zum Tragen, eher zeigt sich eine gewisse repräsentative Verschwendung; die jedoch in Form von höchstem Lob und Anerkennung für die angebotenen Backwaren vielfach wieder auf die Hausfrau zurückfallen soll.

Wenn in der Adventszeit würziger Backduft durch die Stuben zieht, werden für Kinder Wünsche wahr und in Erwachsenen die längst vergangenen Kindheitserinnerungen wach, als sie selber noch unter Mutters Anleitung Ausstecherle machten und oft mehr des köstlichen Teiges im

Bäuchlein der kleinen Zuckerbäcker verschwand, als ihnen guttat.

Lange Zeit büßte das Backen in der Vorweihnachtszeit etwas von seiner früheren Beliebtheit ein – oft wurde auch aus Zeitmangel oder Bequemlichkeit das Weihnachtsgebäck im Bäckerladen gekauft. Aber es gibt Dinge, die man einfach selber machen muß, die durch noch so gutes Fertiggekauftes nicht ersetzt werden können. Heute dagegen kann man beobachten, daß Althergebrachtes seinen früheren Stellenwert zurückgewinnt und mit Begeisterung aufgenommen wird.

Das Hauptgebäck der Vorweihnachtszeit, der Lebkuchen, den es meist schon zum Nikolaustag gibt, nannte man im Mittelalter Pfeffer- oder Honigkuchen. Er war schon bei den alten Kulturvölkern bekannt, die noch keinen Zucker kannten und statt dessen Honig verwendeten. Diese Honigkuchen wurden den Göttern anstelle von Tieropfern dargeboten. Sogenannte „braune Kuchen“ waren im ganzen deutschsprachigen Raum das klassische Weihnachtsgebäck. Diese zu Rauten, Halbmonden, Sternen, Kreisen und Vierecken ausgestochenen Köstlichkeiten schmeckten regional jedoch immer etwas anders, da ihre Zutaten oft als sorgsam gehütetes Geheimnis galten. Die reichliche Verwendung von exotischen Gewürzen wie Zimt, Nelken, Kardamom und Pfeffer verhalf diesem Gebäck zu seinem Namen. Früher wurden nämlich alle fremdländischen Gewürze als „Pfeffer“ bezeichnet. Schon im 11. Jahrhundert verstand man sich im Kloster Tegernsee auf die Herstellung von „Pfefferkuchen“, wie die Chronik berichtet.

Im Mittelalter gab es eine eigene Zunft, die sich eigens der Herstellung des würzigen Lebkuchens verschrieben hatte. Zuerst formte man aus der Teigmasse Figuren mit der Hand, später verwendete man dafür kunstvoll geschnitzte Holzmodel, in die der Teig gepreßt wurde. Anschließend verzierte man die gebackenen Lebkuchen mit farbigem Zuckerguß, Mandeln und sogar mit kandierten Früchten. Im vergangenen Jahrhundert wurden die Lebkuchen dann mit buntbedruckten Papierbildchen beklebt, wie sie zum Teil heute wieder auf Weihnachtsmärkten angeboten werden.

Lebkuchen sollten schon zu Beginn der Adventszeit gebacken werden, da sie eine Zeitlang liegen müssen, damit sich ihr volles Aroma entfalten kann.

Ein weiteres beliebtes Weihnachtsgebäck – in oft reizvoll verzierten Modeln hergestellt – ist Spekulatius. Derartige Model aus Stein, Holz oder Ton haben eine uralte Tradition. Ursprünglich verwendete man sie für Opferkuchen, die dadurch Tier- oder Menschengestalt annehmen konnten. Im antiken Griechenland und Rom waren sie bekannt, und in der Zeit der Christianisierung wurden sie ebenfalls zur Herstellung von Kultgebäck verwendet. Holzmodel mit Darstellungen, wie sie bei uns heute bekannt sind, gibt es jedoch erst seit dem späten Mittelalter.

Der Name dieses Spekulatiusgebäcks läßt sich vermutlich vom lateinischen „speculator“ ableiten, was soviel wie Aufseher heißt. In frühchristlichen Zeiten wurde damit aber auch ein Bischof bezeichnet. Der Legende nach soll Nikolaus von Myra einst seine Heimatstadt vor dem sicheren Hungertod bewahrt haben, und aus diesem Grunde wurde ihm zu Ehren dieses

Weihnachtsgebäck hergestellt. Seither gibt es Spekulatius traditionell am 6. Dezember für die Kinder – selbstverständlich in Form dieses Heiligen.

Auch die beliebten Springerle/Sprengerle werden in Modeln gebacken und haben ihren Ursprung in der germanischen Mythologie. Der Legende nach soll die Bezeichnung „Springerle" auf den reitenden und springenden Wotan zurückzuführen sein. Eine andere Definition führt ebenfalls in den germanischen Kulturbereich. Demzufolge sollen die Springerle nach dem Lichtgott Balder, der zur Zeit der Wintersonnenwende in Tiergestalt als Hirsch auftrat, benannt sein. Dieser weiße Hirsch, auch Springer genannt, war ursprünglich als Darstellung auf den Springerlesmodeln zu sehen. Diesem Gott Balder, dem Sinnbild des Lichtes und der aufsteigenden Sonne, war dieses Backwerk gewidmet.

Springerle, aus Puderzucker, Mehl, Eiern und Geschmackszutaten hergestellt, sind nicht ganz einfach zu machen. Das Gebäck ist sehr empfindlich, und es wird mehr getrocknet als gebacken. Sie müssen mindestens 2 Wochen liegen, da sie steinhart aus dem Backofen kommen.

Eine weitere schwäbische weihnachtliche Spezialität ist das bekannte Schnitz- oder Hutzelbrot. Nach altem Brauch mußte dieses Früchtebrot am Vorabend der Thomasnacht (20. Dezember) gebacken werden. Es sollte Gesundheit und Glück bringen, besonders, wenn es mit Weihwasser besprengt wurde. Verzieren durfte man es jedoch erst an Weihnachten. Dieses Brot wird aus getrockneten Früchten wie etwa Birnen (Hutzeln), Zwetschgen, Feigen, Rosinen, Nüssen und Gewürzen hergestellt. Die Zutaten schwanken regional sehr stark. Alles, was das Morgen- und Abendland zu bieten hat, durfte untergemengt werden – nur kein Mehl! Wer sich kein so inhaltsreiches Früchtebrot leisten konnte, nahm eben doch etwas Mehl – wie dies auch bei den neuzeitlichen Rezepturen der Fall ist.

Auf dieses weihnachtliche Backwerk sind schwäbische Hausfrauen immer sehr stolz gewesen. Einem kleinen, aus dem Stuttgarter Umkreis kommenden Kobold wird die Entstehung des Hutzelbrotes zugeschrieben. Eduard Mörike ließ das Männchen mit seinem heiter-liebenswerten Märchen „Das Stuttgarter Hutzelmännlein“ in die deutsche Dichtung eingehen. Folgendes Verschen steht zu Beginn seiner berühmten Erzählung:

Ein Kobold, gut bin ich bekannt
In dieser Stadt und weit im Land;
Meines Handwerks ein Schuster war
Gewiß vor siebenhundert Jahr.
Das Hutzelbrot hab ich erdacht,
Auch viel seltsame Streich gemacht.

Wenn ma de Narra viel geit,
essat se viel

Tips und Tricks bei der Zubereitung von Gutsle

Mit dem Gutslesbacken rechtzeitig anfangen, um ohne Hektik und vorweihnachtlichen Streß arbeiten zu können.

*

Jede Gutslessorte in ausreichender Menge herstellen, um den „vorweihnachtlichen Schwund“ auszugleichen.

*

Lieber zahlreiche kleine Gutsle backen – also kleine Förmchen verwenden – als wenige große, da ein Gutslesteller mit vielen verschiedenen Plätzchen appetitlicher aussieht.

*

Bei der Verwendung von Backöl sparsam dosieren, da es ein sehr starkes Aroma hat.

*

Oblaten auf das ungefettete Backblech legen und nach dem Backen den überstehenden Rand abbrechen.

*

Hohes Backwerk wird auf der untersten Leiste im Backofen gebacken, kleines Backwerk auf der mittleren Schiene.

*

Die Plätzchen sind dann fertiggegart, wenn beim Einstechen am Backhölzchen kein Teig mehr hängenbleibt.

*

Mandeln schält man, indem man sie mit kochendheißem Wasser überbrüht, kurz ziehen läßt und dann abzieht.

*

Haselnüsse werden einige Minuten auf dem Backblech im heißen Backofen geröstet und danach noch warm zwischen den Händen gerieben.

*

Alle Backzutaten sollten möglichst die gleiche Temperatur haben, um ein gutes Gelingen der Gutsle zu gewährleisten.

Dunkle Backformen nehmen die Hitze des Backofens leichter auf und benötigen deshalb etwas kürzere Backzeiten und niedrigere Temperaturen als helle.

*

Niedrigere Backtemperaturen gewährleisten oftmals ein gleichmäßigeres Backen und Bräunen der Plätzchen.

*

Beim Heißluftherd kann man auf mehreren Ebenen gleichzeitig backen und damit die Energie besser ausnutzen. Das Gebäck mit den kürzeren Garzeiten kommt in den oberen Backbereich, das mit den längeren in den unteren.

*

Pottasche (Kaliumkarbonat) wird als Treibmittel für die Weihnachtsbäckerei verwendet.

*

Hirschhornsalz (Ammoniumkarbonat) wird ebenfalls als Treibmittel verwendet; speziell bei älteren Rezepturen.

*

Rosenwasser benutzt man für die Herstellung von Marzipan, Lebkuchen oder Honigkuchen. Es ist in Apotheken erhältlich.

*

Getrocknete Früchte wie Rosinen, Zitronat, Orangeat und dgl. vor dem Verarbeiten in Mehl wenden, um ein Absinken im Teig zu verhindern.

*

Zitrusfrüchte, deren Schale zum Backen verwendet werden soll, müssen unbehandelt, d. h. ungespritzt sein.

*

Ältere Rezepte verlangen die Verwendung von Kardamom. Dies sind die getrockneten Samen der Kardamompflanze. Sie können im ganzen oder pulverisiert verwendet werden und haben einen erfrischenden, würzigen und leicht brennenden Geschmack.

*

Bei Hefeteigen immer darauf achten, daß die Zutaten alle gleich warm sind und die Hefe lauwarm (nicht heiß) angerührt wird. Für den Gärprozeß ist immer die Verwendung von etwas Zucker notwendig.

Man sollte niemals verschiedene Gebäcksorten in einem Behälter aufbewahren, da ihre Aromastoffe dadurch neutralisiert werden und die unterschiedlichen Lagerungszeiten nicht berücksichtigt werden können.

*

Gutsle, die knusprig bleiben sollen, kommen sofort in eine gut zu verschließende Blechdose.

*

Gebäck, wie z. B. Lebkuchen, muß erst einige Tage an der Luft stehen und Feuchtigkeit aufnehmen, bevor es in eine Dose kommt und durch die Lagerung weich wird. Man kann noch zusätzlich etwas Orangenschale oder einen Apfelschnitz dazulegen.

*

Springerle kommen steinhart aus dem Backofen und müssen daher, um weich zu werden, mindestens 2 Wochen lang aufbewahrt werden, bevor sie genießbar sind.

*

Harte Springerle kann man verzieren oder anmalen und als Christbaumschmuck verwenden.

*

Um ein Zusammenkleben der Gutsle zu verhindern, empfiehlt es sich, zwischen die Plätzchenlagen Pergamentpapier zu legen.

*

Großes Backwerk, wie z. B. Stollen und Hutzelbrot, sollte zum Aufbewahren in Alufolie gewickelt werden, um die Feuchtigkeit zu erhalten.

*

Um z. B. besonders saftige Früchtebrote zu erhalten, empfiehlt es sich, während des Backens eine Tasse Wasser mit in den Backofen zu stellen.

*

Die meisten älteren Gutslesrezepte verlangen eine Teigrührzeit von 30 bis 45 Minuten. Dies kann man mit einem elektrischen Rührgerät auf eine Zeit von 5 bis 10 Minuten verkürzen und erreicht denselben Effekt.

Ulmer Brot

Die folgenden 4 Farbbilder zeigen:

Butter-„S“le, Haselnußmakronen,
Springerle, Spritzgebäck

Bei den Rezepten wurde auf Backzeitangabe und Stückzahl verzichtet, da die Dauer der Backzeit bei den verschiedenen Herdtypen unterschiedlich ist und die Stückzahl von der Gutslesgröße abhängig ist.

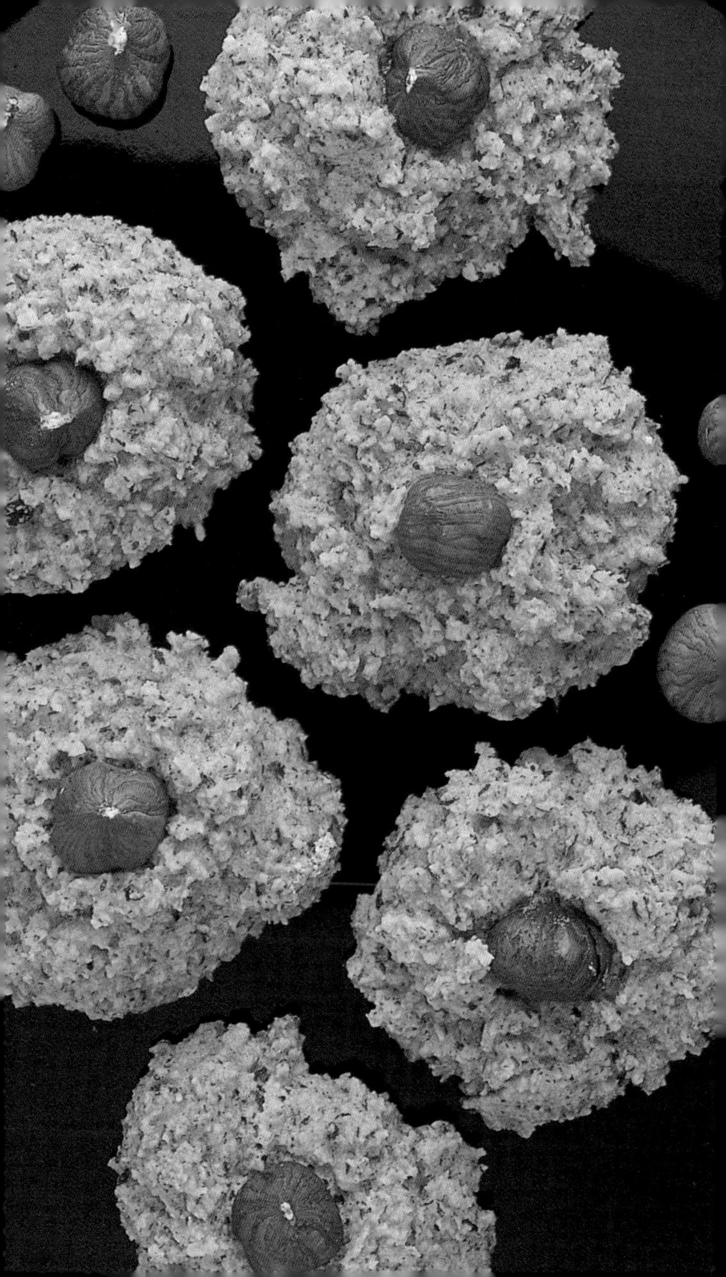

Weihnachtsgutsle

Albertle

150 g Butter
4 Eier
250 g Zucker
1 Päckchen Backpulver
2 Päckchen Vanillezucker
5 EL süßer Rahm
500 g Mehl
250 g Stärkemehl

Butter gut schaumig rühren und die Eier sowie den Zucker unterrühren. Backpulver, Vanillezucker und den Rahm dazugeben und zum Schluß Mehl und Stärke unterheben. Alle Zutaten kräftig kneten und eine Zeitlang kalt stellen. Backbrett mit Mehl bestreuen. Teig messerrückendick auswellen und runde Plätzchen ausstechen. Für Albertle gibt es besondere Ausstecherle, die gleichzeitig ein Lochmuster auf den Teig abdrücken. Wenn gewünscht, die runden Albertle mit einem Muster verzieren, dabei ein Reibeisen in den Teig eindrücken.

Plätzchen auf ein mäßig gefettetes Backblech legen und im vorgeheizten Backofen bei mittlerer Hitzezufuhr hellgelb backen. Zum Erkalten die Albertle sofort auf einen Kuchenrost legen.

Macha mr Gutsle, oder fressa mr da' Toig so?

Anisbrötle

250 g Zucker
4 Eier
300 g Mehl
2 EL Anis
1 Päckchen Vanillezucker

Zucker und Eier gut schaumig rühren und das Mehl sowie Anis und Vanillezucker untermengen. Aus diesem Teig mit einem Teelöffel oder mit einem Spritzbeutel Häufchen auf ein gut gebuttertes und mit Mehl bestäubtes Backblech setzen. Diese über Nacht etwas trocknen lassen und am nächsten Tag bei mäßiger Hitzezufuhr goldgelb backen. Danach die Anisbrötle sofort auf einem Kuchenrost zum Erkalten ausbreiten und wegen des intensiven Aromas getrennt von anderem Weihnachtsgebäck aufbewahren.

Ausstecherle

Ausstecherle

500 g Mehl
250 g Butter
150 g Zucker
2 Päckchen Vanillezucker
etwas abgeriebene Zitronenschale
3 Eier

Das Mehl auf das Backbrett sieben und die gehackte Butter dazugeben. Zucker und Vanillezucker sowie Zitronenschale darüberstreuen und in die Mitte eine kleine Grube machen. Die Eier in die Vertiefung schlagen, mit einer Gabel verrühren und unter das Mehl mischen. Das Ganze sehr rasch zu einem geschmeidigen Teig kneten und eine Zeitlang in den Kühlschrank stellen.

Teig dünn auswellen und mit verschiedenen Ausstechformen, wie z. B. Herzle, Sternle, Monde, Tannenbäume, ausstechen und entweder mit geschlagenem Eigelb bestreichen und mit Hagelzucker bestreuen oder mit bunten Zuckerperlen verzieren.

Backblech mit Butter bestreichen, Ausstecherle gleichmäßig darauf verteilen und bei mittlerer Hitzezufuhr backen, bis sie eine goldgelbe Farbe erhalten. Sofort vom Backblech nehmen und auf einem Kuchenrost zum Erkalten ausbreiten.

O, wenn no' dr Buckel ao Bauch wär!

Bärentätzle

4 Eiweiß
250 g Zucker
50 g geriebene Schokolade
50 g Kakaopulver
250 g ungeschälte, geriebene Mandeln
2 Päckchen Vanillezucker

Die Eiweiße zu sehr festem Schnee schlagen und löffelweise den Zucker unterziehen. Nun langsam alle weiteren Zutaten untermischen und die Masse eine Zeitlang kühl stellen. Auf einem Backbrett etwas Mehl und Zucker ausstreuen und den Teig zu einer kleinen Rolle formen (etwa 3 cm Durchmesser). Mit dem Messer Stücke abschneiden und diese in gezuckerte, muschelförmige Holzförmchen eindrücken, danach vorsichtig herausnehmen. Die Bärentätzle auf ein gebuttertes Backblech setzen und über Nacht etwas abtrocknen lassen. Am nächsten Tag bei guter Mittelhitze knusprig backen.

Bauernhütle

500 g Mehl
250 g Butter
250 g Zucker
3 EL saurer Rahm
5 Eigelb
4 Eiweiß
150 g Zucker
250 g gemahlene Mandeln

Aus Mehl, Butter, Zucker, Eigelb und Rahm einen glatten Butterteig bereiten und etwas ruhen lassen. In der Zwischenzeit die Eiweiße sehr steif schlagen, Zucker löffelweise einrieseln lassen und zum Schluß die Mandeln vorsichtig unterheben. Nun den Butterteig auf einem Backbrett etwa messerrückendick auswellen und mit einem gewellten (gezackten) Ringförmchen runde Plätzchen ausstechen. Auf diese mit einem Teelöffel Häufchen der Mandelmasse als Fülle setzen, den Rand an drei Stellen fassen und ihn über der Fülle

leicht zusammendrücken. Auf diese Weise die Hütchen formen.
Dann ein Backblech gut buttern, die Bàuernhütle draufsetzen und im Backofen bei mittlerer Hitzezufuhr goldgelb backen.

**Wenn no' Gutsle dò wäret,
a paar Zäh' tät i scho
noh fenda!**

Butter-„S"le

350 g Butter
500 g Mehl
150 g Zucker
7 Eigelb
einige Spritzer Butter-Vanille-Backaroma
2 Vanillezucker
1 Eiweiß
100 g Hagelzucker

Butter feinblättrig schneiden und mit dem Mehl und dem Zucker sowie dem Eigelb, dem Backaroma und dem Vanillezucker zu einem geschmeidigen Teig verarbeiten. Die Zutaten sollten kalt sein, und das Kneten mit kalten Händen sollte rasch vonstatten gehen. Ist der Teig zu geschmeidig, noch kurze Zeit kalt stellen, dann in eine Backspritze mit einer sternförmigen Tülle füllen. Nach Wunsch die Butter-„S"le mit den Fingern formen, auf ein gut gebuttertes Backblech legen oder spritzen und nochmals kalt stellen. Danach mit dem etwas schaumig geschlagenen Eiweiß bestreichen sowie mit Hagelzucker bestreuen und in den Backofen schieben. Bei guter Mittelhitze goldgelb backen, vom Backblech nehmen und auf einem Kuchenrost erkalten lassen.

Um ihr zartes Aroma zu erhalten, die „S“le immer separat in einer Blechdose aufbewahren.

Genieße das Diesseits,
sei selig im Jenseits!

Feigenhäufle

250 g Feigen
250 g Mandeln
3 Eiweiß
200 g Puderzucker
1 Päckchen Vanillezucker
Saft einer Zitrone
Backoblaten

Die Feigen in kleine Stückchen schneiden und die Mandeln stifteln oder fein hobeln. Eiweiß zu Eischnee schlagen, Puderzucker langsam zugeben, dann die Feigen, Mandeln, den Vanillezucker und den Zitronensaft. Alles gut vermischen und eine homogene Masse bilden. Mit einem Teelöffel Häufle auf die Oblaten setzen und bei schwacher Hitzezufuhr im Backofen etwa 20 Minuten backen. Den überstehenden Oblatenrand der Feigenhäufle nach dem Erkalten vorsichtig abbröseln.

Hägenmakronen

5 Eiweiß
375 g Puderzucker
3 EL Hägenmark (Hagebuttenmark)
Saft von 1/2 Zitrone
500 g geschälte, geriebene Mandeln

Die Eiweiße zu sehr steifem Schnee schlagen, Puderzucker unterheben und Hägenmark dazumischen. Von dieser Masse 1 Tasse für die Glasur zurückbehalten. Zitronensaft und geriebene Mandeln unterrühren und mit 2 Teelöffeln längliche Makronen formen. Diese auf ein mit Pergamentpapier oder Folie belegtes Backblech setzen, eine kleine Vertiefung in die Mitte der Makronen machen und mit einem Tupfer zurückbehaltener Glasur verzieren. Bei schwacher Hitzezufuhr die etwas getrockneten Makronen kurze Zeit backen und auf einem Kuchenrost abkühlen lassen.

Haselnußmakronen

8 Eiweiß
500 g Zucker
2 Vanillezucker
500 g Haselnüsse
1 unbehandelte Zitrone
Haselnüsse zum Verzieren

Die Eiweiße sehr steif schlagen und mit dem Zucker und dem Vanillezucker mischen. Haselnüsse mahlen und vorsichtig unter die Masse heben. Zitronensaft und -schale unterziehen und mit in Zucker getauchten Händen kleine Haselnußkugeln formen. Diese gleichmäßig großen Kugeln auf ein mit Pergamentpapier oder Alufolie belegtes Backblech legen und jede Makrone mit einer Haselnuß verzieren. Backblech in den mäßig erhitzten Backofen schieben und bei sehr schwacher Hitzezufuhr backen. Die Haselnußmakronen sollen eine goldbraune Farbe bekommen. Dann vorsichtig vom Papier lösen und auf einem Rost zum Erkalten auslegen.

Haselnußringle

250 g Butter
500 g Mehl
175 g Zucker
2 Eier
100 g gemahlene Haselnüsse
etwas Zitronenschalenaroma

Die Butter schaumig rühren und die restlichen Zutaten unter Rühren zufügen. Teig auf dem Backbrett kräftig durchkneten und knapp 1/2 cm dick auswellen. Mit einer gewellten Ringform kleine Teigringe ausstechen und diese auf ein gebuttertes und mit etwas Mehl bestäubtes Backblech setzen.

Die Haselnußringle mit etwas geschlagenem Eiweiß bestreichen, gehackte Haselnüsse und Hagelzucker darüberstreuen und sie bei guter Mittelhitze backen, bis sie goldgelb sind. Anschließend vom Blech nehmen und auf einem Rost zum Erkalten ausbreiten.

Haselnuß-„S“le

250 g Mehl
250 g gemahlene Haselnüsse
250 g Zucker
250 g Butter
2 Päckchen Vanillezucker

Alle Zutaten auf dem Backbrett zu einem geschmeidigen Teig vermischen und kräftig durchkneten. Eine Zeitlang kalt stellen und 1/2 cm dick auswellen. Mit einer Form „S“le ausstechen (oder mit der Hand „S“le formen) und auf ein gebuttertes Backblech legen. Im Backofen bei mittlerer Hitzezufuhr backen, bis sie goldgelb sind und auf einem Kuchenrost erkalten lassen.

Eventuell die Haselnuß-„S“le nach dem Backen mit einer Vanilleglasur oder einer Glasur aus Zitronensaft und Puderzucker bestreichen.

Kokosnußmakronen

---

150 g Kokosnußraspel
250 g Zucker
1 unbehandelte Zitrone
5 Eiweiß
2 Päckchen Vanillezucker
Oblaten

Kokosraspel mit Zucker, Zitronensaft und etwas abgeriebener Schale sowie mit 1 Eiweiß in eine Pfanne geben und unter ständigem Rühren auf dem Herd etwas erhitzen. Diese lauwarme Masse zu den restlich geschlagenen Eiweißen geben und vorsichtig unterziehen. Vanillezucker untermischen und mit einem Löffel Häufchen davon auf Oblaten setzen. Diese nun auf ein ungefettetes Backblech setzen und bei mäßiger Hitzezufuhr hellgelb backen. Nach dem Erkalten der Makronen sollte der überstehende Rand der Oblaten vorsichtig abgebröselt werden, damit nichts mehr davon zu sehen ist.

Mandelhäufle

250 g geschälte, feingeschnittene Mandeln
4 Eiweiß
250 g Zucker
einige Spritzer Bittermandel-Backöl
Oblaten

Mandeln mit heißem Wasser abbrühen und etwas ziehen lassen. Schale entfernen und mit klarem Wasser nachspülen. Mit einem scharfen Messer in feine Scheiben schneiden oder eine Packung vorbereitete Mandeln verwenden.

Eiweiß zu steifem Schnee schlagen und den Zucker langsam unterrühren. Backaroma und Mandeln zugeben und vorsichtig unterziehen. Mit einem Teelöffel Häufle auf Backoblaten setzen und diese auf ein Backblech verteilen. Wenn gewünscht, die Mandelhäufle direkt auf ein mit Alufolie oder Pergamentpapier belegtes Blech setzen und im mäßig heißen Backofen mehr trocknen als backen. Die Mandelhäufle sollen beim Herausnehmen ein goldgelbes Aussehen haben. Bei Verwendung von Oblaten diese nach dem Erkalten vorsichtig abbröseln, damit kein überstehender Rand verbleibt.

**Wer net gern ißt,
der isch bloß zum
Schlucka z'faul!**

Mandelhörnle

5 Eiweiß
500 g Puderzucker
500 g Mandeln
1/2 Stange Vanille
1 Päckchen gehobelte Mandeln

Eiweiße zu sehr steifem Schnee schlagen und löffelweise den Puderzucker unterheben. Die geschälten und gemahlenen Mandeln unterziehen, zuletzt die aus der Vanilleschote geschabte Vanille zugeben. Diese Teigmasse kräftig durchkneten und daraus mit den Fingern Hörnchen formen. Diese in den gehobelten Mandeln wälzen und auf ein mit Alufolie belegtes Backblech setzen. Bei mäßiger Hitzezufuhr im Backofen goldgelb backen.

Mandelmakronen

500 g Mandeln
500 g Zucker
8 Eiweiß
1 unbehandelte Zitrone

Die Mandeln mit heißem Wasser abbrühen, etwas stehen lassen und kaltes Wasser aufgießen. Nüsse zwischen Daumen und Zeigefinger aus der Schale drücken und mit kaltem Wasser abspülen. Die sorgfältig abgetrockneten Mandeln fein mahlen und mit dem Zucker und 2 Eiweißen in eine Pfanne geben. Unter ständigem Rühren die Masse erwärmen, bis sie sich zusammenballt. Zitronensaft und abgeriebene Schale zugeben und den sehr steif geschlagenen Schnee der restlichen Eiweiße vorsichtig unterheben.

Mit 2 Teelöffeln gleichmäßig große Makronen formen oder mit einer Spritztülle die Masse auf ein mit Folie oder Pergamentpapier belegtes Backblech spritzen. Bei mäßiger Hitzezufuhr die Makronen mehr trocknen als backen. Besonders ansprechend wirkt eine auf die Makronen gedrückte ganze, geschälte Mandel. Nach einer Backzeit von etwa 20 Minuten die Makronen herausnehmen, mit dem Papier auf eine feuchte Unterlage legen und nach einigen Minuten lösen und erkalten lassen.

A großer Bauch kommt net vo kleine Brötle!

Nußbrötle

300 g Zucker
3 Eier
150 g Mehl
300 g gemahlene Nüsse
(nach Belieben Mandeln, Haselnüsse, Paranüsse etc.)
1/2 TL Zimt
1 Messerspitze gemahlene Nelken

Zucker und Eier schaumig rühren und die restlichen Zutaten löffelweise unterziehen. Alles gut vermengen und kräftig durchkneten. Sollte die Masse nicht fest genug sein, noch etwas Mehl zufügen. Den Teig auf einem gut bemehlten Backbrett auswellen und mit Ausstecherle oder kleinen runden Förmchen die Nußbrötle ausstechen. Auf einem mit Alufolie belegten Backblech verteilen und bei mäßiger Hitzezufuhr goldgelb backen.

Nach Wunsch die Nußbrötle vor dem Backen mit ganzen Nüssen (z. B. Mandeln, Haselnüssen) verzieren.

Nußschäumle

5 Eiweiß
250 g Puderzucker
250 g gemahlene Mandeln oder Haselnüsse

Die Eiweiße werden zu sehr steifem Schnee geschlagen, in einer Pfanne mit dem Puderzucker vorsichtig erhitzt und auf schwachem Feuer so lange geschlagen, bis nach einigen Minuten Blasen aufsteigen. Nun die geschälten, gemahlenen oder in feine Scheiben geschnittenen Nüsse hinzufügen, die Masse vom Feuer nehmen und mit einem Spritzbeutel mit sternförmiger Tülle auf ein mit Alufolie belegtes Backblech spritzen. Die Schäumle nach Wunsch auch einfach mit einem Teelöffel auf das Backblech setzen.

Bei schwacher Hitzezufuhr die Nußschäumle backen. Sie dürfen jedoch kaum Farbe annehmen.

Olgabrötle

---

500 g Mehl
250 g Zucker
250 g Butter
100 g geriebene Mandeln
1 Ei
1/2 Vanilleschote
Konfitüre
Vanillezucker

Mehl, Zucker, Butter und Mandeln mit dem Ei und dem ausgeschabten Mark der Vanilleschote zu einem geschmeidigen Teig verarbeiten und kurze Zeit kalt stellen. Auf einem Backbrett, das gut bemehlt sein sollte, den Teig recht dünn auswellen und mit einem runden, gewellten oder gezackten Ausstecherle kleine Plätzchen ausstechen und diese bei guter Mittelhitze goldgelb backen. Die erkalteten Brötle leicht mit beliebiger Konfitüre bestreichen und mit der restlichen Hälfte bedecken. Ausstecherle leicht zusammendrücken und mit Vanillezucker bestreuen.

Pfeffernüßle

1 Ei
2 Eigelb
250 g Zucker
250 g Mehl
50 g Zitronat, fein geschnitten
1 EL Kirschwasser
5 g Pottasche
5 g Zimt
1/2 TL gemahlene Nelken
1/4 TL gemahlener Pfeffer
1 Messerspitze Salz
2 EL Kirschwasser zum Bestreichen

Eier und Zucker gut schaumig rühren und der Reihe nach die restlichen Zutaten darunterarbeiten. Auf dem Backbrett den Teig noch geschmeidig machen und etwa fingerdick auswellen. Nun mit dem kleinsten Ringförmchen (höchstens 2 cm Durchmesser) die kleinen Nüssle ausstechen und auf das mit Mehl bestäubte Backbrett setzen. Zum Abtrocknen sollten sie über Nacht in einem mäßig warmen Raum stehen. Vor dem Backen die Pfeffernüsse mit der oberen, abgetrockneten Seite nach unten auf dem mit Alufolie ausgelegten Backblech anordnen und die Oberfläche mit dem Kirschwasser benetzen. Dann im mäßig warmen Backofen gut 1/2 Stunde backen.

Pfeffernüsse sind eine Art Lebkuchen, nur wesentlich kleiner. Ihre Bezeichnung geht auf das in früheren Zeiten sehr beliebte und teure Pfeffergewürz zurück. Da man vor Jahrhunderten das feine weiße Auszugsmehl unserer Zeit noch nicht kannte, wurde damals dunkles Roggenmehl verwendet, das die Pfeffernüsse hart und dunkel werden ließ. Den Kindern machte dies jedoch nichts aus. Sie bekamen sie zum Nikolaus und zu Weihnachten oder als Belohnung für Adventssingen und Umzüge. Da diese Pfeffernüsse relativ hart waren, wurden sie von den Kindern vor dem Essen erst noch eine Zeitlang als Spielsteine benutzt.

Pomeranzenbrötle

2 ganze Eier
2 Eigelb
250 g Zucker
300 g Mehl
75 g feingeschnittene Pomeranzenschale
1 TL abgeriebene Zitronenschale
25 g Zitronat zum Garnieren

Eier, Eigelbe und Zucker sehr schaumig rühren und nach und nach das Mehl zugeben. Pomeranzenschale und die Schale einer unbehandelten Zitrone unterrühren. Diesen Teig auf ein Backbrett legen und daraus fingerlange, daumendicke Röllchen formen. Diese mit Zitronatstreifchen quer in gleichmäßigem Abstand belegen. Nun die Pomeranzenbrötle auf ein gebuttertes, mit Mehl bestäubtes Backblech setzen und bei mittlerer Hitze goldgelb backen. Dabei dürfen sie nicht glasig werden oder verlaufen.

Rosinenbrötle

250 g Butter
100 g Zitronat
6 Eier
250 g Rosinen
250 g Zucker
500 g Mehl

Butter gut schaumig rühren und das Zitronat sehr fein schneiden. Eier zu der Butter geben, Zitronat und Rosinen mit dem Zucker unterziehen und zum Schluß das Mehl löffelweise untermengen. Alles gut vermischen und mit einem Löffel Teighäufchen auf ein mit Alufolie belegtes Backblech setzen. Über Nacht stehen lassen und am Tag darauf bei mäßiger Hitze die Rosinenbrötle goldgelb backen.

Schwabenbrötle

375 g Mehl
250 g Butter
250 g geschälte, geriebene Mandeln
250 g Zucker
1 Ei
15 g Zimt
1 Messerspitze gemahlene Nelken
etwas Zitronenschalenaroma
1 Päckchen Vanillezucker
1 Eigelb
100 g geschälte, feingehackte Mandeln
100 g Hagelzucker

Mehl, Butter, Mandeln, Zucker, Ei und Aromastoffe zu einem Teig vermischen und gut durchkneten. Etwas kalt stellen und auf einem bemehlten Backbrett auswellen. Mit verschiedenen Ausstecherle Figuren ausstechen und auf ein gebuttertes Backblech legen. Die Schwabenbrötle sollten nun über Nacht ruhen können. Am nächsten Tag mit dem Eigelb bestreichen, mit den gehackten Mandeln und dem

Hagelzucker bestreuen und bei mäßiger Hitzezufuhr im Backofen goldgelb backen.

**Liaber meh essa,
als z'wenig trenka!**

Spekulatius

500 g Mehl
200 g Zucker
150 g Butter
50 g geriebene oder feinblättrig geschnittene Mandeln
1/2 Päckchen Backpulver
1 Messerspitze Kardamom
1 Messerspitze Piment
1/2 TL Zimt
etwas gemahlene Nelken
1 Ei
2 EL Milch
einige Spritzer Bittermandel-Backöl

Aus allen angegebenen Zutaten einen geschmeidigen Mürbteig bereiten und eine Zeitlang im Kühlschrank kalt stellen. Auf einem bemehlten Backbrett den Teig messerrückendick auswellen und die Spekulatiusmodel fest in den Teig drücken. Diese Plätzchen auf ein gut gebuttertes Backblech setzen und bei starker Hitzezufuhr im Backofen goldbraun und knusprig backen.

Um die knusprige Beschaffenheit der Spekulatius zu erhalten, diese in einem offenen Behälter aufbewahren. Ein geschlossenes Gefäß und Feuchtigkeit würden sie weich werden lassen.

**Kommet 'r glei noch em Kaffee,
no könnet 'r zom Nachtessa
wieder drhoim sei!**

Spitzbuben

500 g Mehl
350 g Butter
175 g Zucker
2 Eigelb
2 Päckchen Vanillezucker
Erdbeermarmelade
Aprikosenmarmelade
Puderzucker

Mehl, Butter, Zucker, Eigelbe und Vanillezucker rasch zu einem geschmeidigen Teig verarbeiten und diesen kalt stellen. Auf einem bemehlten Backbrett sehr dünn auswellen und mit einem runden, gewellten oder gezackten Förmchen ausstechen. Die eine Hälfte der Ausstecherle geschlossen lassen, bei der zweiten Hälfte mit einem Fingerhut 1, 2 oder 3 Löcher in die runden Teigplatten stechen. Diese Plätzchen bei mäßiger Hitzezufuhr auf einem gebutterten Blech goldgelb backen. Auf einem Kuchenrost erkalten lassen und die geschlossenen Plätzchen zur Hälfte mit roter, zur

Hälfte mit gelber Marmelade bestreichen. Nun die durchstochenen Plätzchen vorsichtig (sie brechen wegen der Löcher leicht) auf die Marmelade drücken, so daß diese etwas aus den Löchern hervortritt. Die fertigen Spitzbuben durch ein Sieb mit Puderzucker bestreuen und erst in einer Blechdose aufbewahren, wenn die Marmelade etwas angetrocknet ist, um ein Zusammenkleben zu verhindern.

Ema hongriga Maga
isch net guat prediga!

Springerle

4 Eier
500 g Zucker
500 g Mehl
1 Messerspitze Hirschhornsalz oder Pottasche
etwas abgeriebene Zitronenschale
Anis

Das Eiweiß wird sehr steif geschlagen, und anschließend wird unter ständigem Rühren das Eigelb und der Zucker eingearbeitet. Diese Masse muß eine Zeitlang kräftig gerührt werden, bis abschließend das Mehl, Hirschhornsalz (Pottasche) und die abgeriebene Zitronenschale untergemengt wird.

Den Teig auf ein Backbrett geben und so lange bearbeiten, bis er schön zart und geschmeidig ist. Nun wird er eine gute Stunde kalt gestellt und auf einem Brett etwa 3/4 cm dick ausgewellt. Die Springerlesformen werden mit Mehl bestreut und der Teig mit dem bemehlten Handballen in die Form gedrückt. Diese Fläche wellt

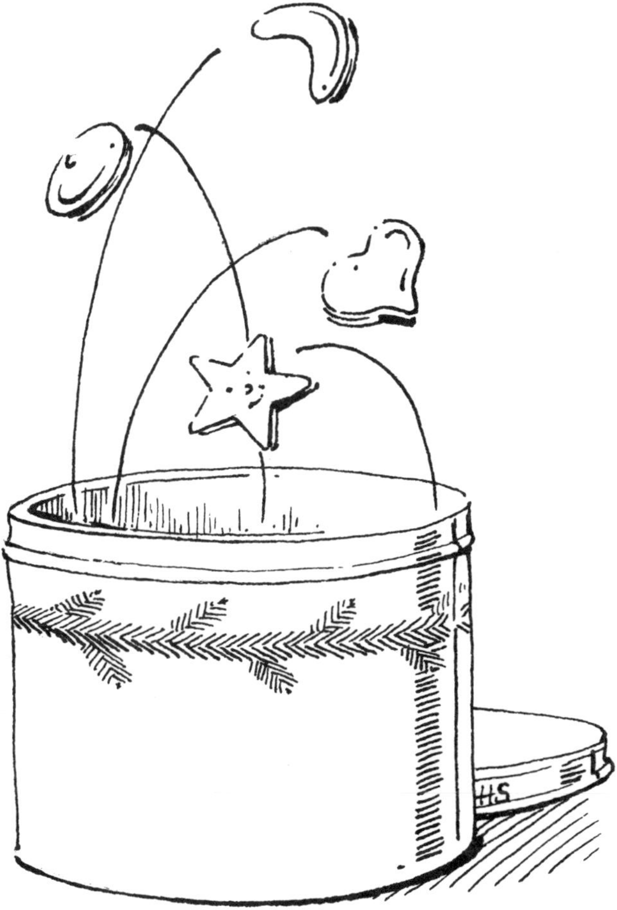

Springerle

man wieder glatt, und es sollte beachtet werden, daß der Teig nicht über den Rand der Model hinausragt. Mit einem Teigrädle werden die Springerle auseinandergeschnitten, mit dem Muster nach oben auf ein gefettetes, mit Mehl und Anis bestreutes Backblech gesetzt und über Nacht an einen warmen Ort gestellt, damit die Oberfläche gut abtrocknet. Am nächsten Tag werden die Springerle an der Unterseite mit Zuckerwasser befeuchtet, in den kalten Backofen geschoben und etwa 1 Stunde gebacken. Sie müssen an der Oberfläche schön weiß und unten gelb sein. Die Backtemperatur ist dafür entscheidend. Der Ofen darf nur mäßig heiß und die ersten 20 Minuten nicht ganz geschlossen sein. Nach dem Backen wird von jedem Springerle das überflüssige Mehl abgebürstet. Da sie sehr hart aus dem Backofen kommen, empfiehlt es sich, Springerle mindestens 2 Wochen vor dem Weihnachtsfest zu machen, um ihnen Zeit zum Weichwerden zu geben.

„Nimm von Mehl ein Pfund, siebe es fein und stell es über Nacht ins Ofenloch. Nimm ein Pfund trockenen Zucker und vier Eier, aber große, zwei Eßlöffel ausgeblasenen Anis – wenn Du's fein haben willst, sollst Du ihn im Ofen bähen. Vom alten Baselbieter Kirsch zwei Eßlöffel (lupft sie gut und vertreibt den Eiergeschmack). Zucker, Eier und Anis laß vom ältesten Buben rühren, dann vom zweitältesten, dann vom dritten, zusammen wenigstens eine halbe Stunde, dann gib das Chrisiwasser (Kirschwasser) dazu, schaffe das Mehl darunter und wirke den Teig auf dem Wallbrett, bis er schön verbunden ist. Wälle den Teig auf, aber nicht zu dünn, und drücke mit Sorgsamkeit und Kraft die Model auf. Hernach alles auf mehlbestaubtem Brett 24 Stunden an die Wärme gestellt und bei schwacher Hitze backen. Um sie schön weiß zu haben, stäube vor dem Backen Mehl darauf und blase es nachher weg. Kriegen sie keine Füßchen, so schimpfe die Buben aus oder die Stubenmagd: war schlecht gerührt oder der Durchzug in der Stube. Springerli ohne Füßchen sind ein Ärgerniß."

Altes Springerlebackrezept aus Basel

Reiche essat, wenn se wöllet,
Arme, wenn se hent!

Spritzgebäck

250 g Zucker
2 Eier
250 g Butter
150 g geriebene Haselnüsse
2 Päckchen Vanillezucker
350 g Mehl
Zucker zum Bestreuen

Aus dem Zucker, den Eiern und der Butter eine sehr schaumige Masse rühren und nacheinander die Nüsse, den Vanillezucker und das Mehl unterziehen. Den Teig auf einem Backbrett kräftig kneten und einige Zeit lang zum Ruhen kühl stellen.

Teig in eine Backspritze füllen und beliebige Formen auf ein leicht gefettetes Backblech spritzen. Das Blech an einem kühlen Ort am besten über Nacht stehen lassen, bis der Teig wieder fest ist. Im vorgeheizten Backofen bei mäßiger Hitzezufuhr goldgelb backen und noch warm in sehr feinem Zucker wenden.

Terrassenbrötle

500 g Mehl
350 g Butter
200 g Zucker
2 Päckchen Vanillezucker
einige Spritzer Butter-Vanille-Backöl
Marmelade zum Bestreichen

Mehl, Butter, Zucker und Geschmackszutaten zu einem geschmeidigen Teig verarbeiten und auf einem bemehlten Backbrett sehr dünn auswellen. Mit Terrassen-Ausstecherle (3 verschieden große, runde, gewellte Förmchen) eine von jeder Größe gleiche Anzahl Plätzchen ausstechen und diese bei guter Mittelhitze goldgelb bakken. Nach dem Erkalten die beiden größeren Ausstecherle mit etwas Marmelade (Aprikose, Erdbeer, Kirsch etc.) bestreichen, aufeinander setzen und mit dem kleinsten zum Schluß oben abschließen. Auf diese Weise liegen 2 mit Marmelade bestrichene und ein leeres Plätzchen dicht aufeinander gedrückt. Dies muß jedoch behutsam geschehen, da die dünnen Ausstecherle sehr leicht brechen. Anschließend diese Terrassen mit Puderzucker bestreuen, einige Tage stehen lassen und dann in einer Blechdose aufbewahren.

S' geit nix Bessers,
als ebbes guats!

Vanillebrezeln

500 g Mehl
200 g Zucker
250 g Butter
1 Ei
1 Vanilleschote
200 g Puderzucker
2 EL kaltes Wasser oder Zitronensaft

Mehl, Zucker, Butter und Ei auf dem Backbrett mit dem Messer hacken und dann rasch zu einem geschmeidigen Teig verarbeiten, diesen daraufhin kühl stellen und in der Zwischenzeit das Mark der Vanilleschote herausschaben und mit dem Puderzucker und dem Wasser (Zitronensaft) zu einer sämigen Glasur verarbeiten. Aus dem Teig auf einem bemehlten Backbrett gleichmäßig große Brezeln formen, diese auf ein gut gebuttertes Backblech setzen und bei guter Mittelhitze hellgelb bakken. Danach die noch warmen Brezeln in die dickflüssige Glasur tauchen oder die obere Hälfte damit bestreichen und sie im noch warmen Backofen leicht trocknen lassen.

Die Vanillebrezeln können auch zur Hälfte mit Schokoladenglasur überzogen werden. Dazu anstatt des Vanillemarks 2 EL Kakaopulver zur Glasur geben. Bevor die Brezeln in Blechdosen aufbewahrt werden, muß die Glasur unbedingt trokken sein, um ein Aneinanderkleben des Gebäcks zu verhindern.

Viel essa isch koi Konscht,
aber viel schaffa!

Vanillebrötle

7 Eier
500 g Zucker
25 g Vanillezucker oder 1 Stange Vanille
500 g Mehl
einige Spritzer Butter-Vanille-Backaroma

Die ganzen Eier schaumig rühren, Zucker zufügen und alles auf dem Herd bei geringer Hitze schlagen, bis die Masse gut steif und lauwarm ist. Erkalten lassen, Vanillezucker oder gestoßene Vanilleschote sowie das Backaroma zufügen und danach das Mehl löffelweise unterheben. Ist der Teig zu weich, noch etwas Mehl zugeben. Nun Teighäufchen auf ein mit Alufolie ausgelegtes Backblech setzen, über Nacht stehen lassen, bis sie oben etwas abgetrocknet sind, dann bei schwacher Hitzezufuhr backen.

Man kann die Vanillebrötle auch vor dem Backen mit ganzen Nüssen (z. B. Mandeln, Haselnüssen) verzieren.

Vanillehörnle

300 g Mehl
150 g geschälte, geriebene Mandeln
75 g Vanillezucker oder eine Mischung aus feinem Zucker und Vanillezucker
250 g Butter
einige Spritzer Butter-Vanille-Backaroma
Vanillezucker zum Wenden

Mehl, Nüsse und Zucker mit dem Messer auf einem Backbrett vermengen und die erwärmte (aber nicht flüssige) Butter und das Backaroma darunterziehen. Teig vorsichtig mit der Hand vermengen und Hörnle (oder Halbmonde) daraus formen.

Backblech mit Butter bestreichen, mit Mehl bestäuben und die Hörnle behutsam daraufsetzen. Bei schwacher Hitzezufuhr hellgelb backen und noch heiß in dem Vanillezucker wenden. Dies muß ebenfalls vorsichtig geschehen, da die Vanillehörnle sehr zerbrechlich sind.

Vanilleringle

300 g Butter
500 g Mehl
3 Eigelb
200 g Zucker
3 Päckchen Vanillezucker
etwas Zitronenschalenaroma

Die Butter gut schaumig rühren, die restlichen Zutaten dazugeben und alles zu einem geschmeidigen, weichen Teig kneten. Eine Zeitlang kühl stellen und ruhen lassen. Teigmasse in eine Backspritze füllen, die eine sternförmige Spritztülle hat, und fingerlange Streifen durchdrücken. Diese auf ein schwach gebuttertes Backblech legen und zu Ringen formen. Vanilleringle im Backofen bei guter Mittelhitze (etwa 200 °C) backen, bis sie an den Spitzen goldbraun werden. Auf einem Rost erkalten lassen und in einer Blechdose aufbewahren.

Vanilleschäumle

---

5 Eiweiß
500 g Puderzucker
2 Päckchen Vanillezucker
oder Mark einer Vanilleschote
1 TL Zitronensaft

Die Eiweiße zu sehr steifem Schnee schlagen und den Puderzucker löffelweise unterheben; dabei ständig schlagen. Nun die Geschmackszutaten (Vanille und Zitronensaft) dazugeben und die ganze Masse nochmals kräftig schlagen.
Mit einem Spritzbeutel mit sternförmiger Tülle längliche Häufle auf ein gut gebuttertes und mit Zucker bestreutes Blech setzen und bei sehr mäßiger Wärmezufuhr die Schäumle mehr trocknen als backen.

Vanilleschäumle können auch als Christbaumbehang verwendet werden.

Wespennestle

300 g Zucker
300 g geschälte Mandelstifte
5 Eiweiß
1 Päckchen Vanillezucker
je 1 Messerspitze Zimt
und gemahlene Nelken
Oblaten

Die Mandelstifte mit etwas Zucker in der Pfanne bei schwacher Hitzezufuhr leicht rösten, dann erkalten lassen. In der Zwischenzeit die Eiweiße zu steifem Schnee schlagen und mit den erkalteten Mandeln mischen. Zucker und Gewürze zugeben und von dieser Masse mit einem Teelöffel Häufle auf die Oblaten setzen. Wenn gewünscht, einem Teil des Teiges etwas Kakaopulver beimischen. Die Wespennestle in den vorgeheizten Backofen geben und bei mäßiger Hitzezufuhr goldgelb backen. Nach dem Backen den überstehenden Oblatenrand vorsichtig abbröseln.

Wibele

5 Eiweiß
125 g Puderzucker
175 g Mehl
1 Päckchen Vanillezucker

Eiweiße und Puderzucker sehr steif schlagen, dann das Mehl löffelweise unterziehen. Diese Masse mit Vanillezucker würzen und in einen Spritzbeutel füllen. Auf ein gut gebuttertes Backblech jeweils zwei kleine Punkte dicht nebeneinander setzen und über Nacht etwas trocknen lassen. Am nächsten Tag bei mäßiger Hitzezufuhr hellgelb backen und noch heiß vom Blech nehmen.

Zedernbrötle

2 Eiweiß
400 g Zucker
400 g Mandeln
Saft von 2 Zitronen
Schale einer unbehandelten Zitrone
1 große Tasse Zitronenglasur

Die Eiweiße zu sehr festem Schnee schlagen und den Zucker untermischen. Mandeln waschen, gut abtrocknen und fein mahlen. Mit dem Zitronensaft und der Zitronenschale zu der Eiweiß-Zucker-Masse geben und alles kräftig mischen. Diesen Teig etwa 1/2 cm dick auswellen, Halbmonde ausstechen und über Nacht trocknen lassen. Am nächsten Tag die Zedernbrötle bei mäßiger Hitzezufuhr backen, bis sie eine goldgelbe Farbe haben, und noch warm mit einer Zitronenglasur überziehen. Im noch warmen Backofen leicht abtrocknen lassen und auf einem Kuchenrost zum Abkühlen ausbreiten.

Zimtsterne

600 g Puderzucker
7 Eiweiß
500 g ungeschälte, geriebene Mandeln
20 g Zimt

Die Eiweiße zu sehr steifem Schnee schlagen und den Puderzucker vorsichtig unterheben. Die Masse darf nicht mehr vom Löffel fallen. Davon eine große Tasse für den Guß zurückbehalten. In den restlichen Teig die geriebenen Mandeln und den Zimt geben und gut mischen. Auf ein Backbrett, das man eventuell mit Pergamentpapier belegt hat, Zucker streuen und kleine Mengen des Teiges darauf ausrollen. Aus dem knapp fingerdicken Teig mit einer Zimtsterneform Plätzchen ausstechen und auf ein schwach gefettetes Backblech legen. Zimtsterne eine gewisse Zeit auf dem Blech trocknen lassen, dann mit dem Messerücken vorsichtig die weiße Glasur auftragen.

Im Backofen bei schwacher Hitzezufuhr backen, bis die Glasur eine hellgelbe Farbe aufweist. Plätzchen sofort vom Backblech nehmen, auf einen Kuchenrost zum Abkühlen legen und gesondert von anderen Weihnachtsgutsle in einer Blechdose aufbewahren, damit sie nicht hart werden.

Ema Langsama verschemmelt s' Guatsle em Maul!

Zuckerbrötle

3 Eier
500 g Zucker
150 g Butter
500 g Mehl
1 Päckchen Backpulver
Schale von 1/2 Zitrone
2 Eigelb
Vanillezucker

Eier mit dem Zucker und der Butter schaumig rühren, dann Mehl und Backpulver zugeben. Schale von 1/2 unbehandelten Zitrone abreiben und unter den Teig mischen. Auf einem Backbrett den Teig 1/2 cm dick auswellen und mit unterschiedlichen Förmchen Figuren ausstechen. Jedes ausgestochene Brötle mit etwas Eigelb bestreichen und mit Vanillezucker bestreuen. Auf ein gebuttertes Backblech setzen und bei mittlerer Hitzezufuhr goldgelb backen.

Diese Zuckerbrötle sind besonders für die ersten Backversuche kleinerer Kinder geeignet, da zum Ausstechen verschiedene beliebte Förmchen aus der Vorstellungswelt der Kinder verwendet werden können.

Wer lang leaba will,
soll essa wia a Katz
ond trenka wia a Hond!

Früchtebrote und Lebkuchen

Anisbrot

6 Eier
250 g Zucker
Saft und Schale
von 1 unbehandelten Zitrone
1 EL Anis
250 g Mehl

5 Eiweiße zu steifem Eischnee schlagen. Die restlichen 5 Eigelbe und das übriggebliebene ganze Ei mit dem Zucker und dem Zitronensaft sowie der abgeriebenen Zitronenschale eine Zeitlang schaumig rühren. Dann den gewaschenen und gut getrockneten Anis, das Mehl und den Eischnee locker unterheben. Eine Kapselform gut buttern, mit dieser Masse füllen und bei mittlerer Hitze knapp 45 Minuten backen.

Das erkaltete Anisbrot in nicht zu dünne, gleichmäßige Scheiben schneiden und diese bei guter Oberhitze auf einem Backblech leicht anrösten.

Schwäbisches Früchtebrot

6 Eier
250 g Zucker
1 TL Backpulver
100 g Haselnüsse, grob gehackt
100 g Mandeln, grob gehackt
100 g Orangeat
100 g Zitronat
100 g Zibeben (Rosinen, Sultaninen)
1 Päckchen Vanillezucker
10 g Zimt
etwas Muskat
3 g gemahlene Nelken
250 g Mehl

Eier und Zucker gut schaumig schlagen und mit dem Backpulver vermischen. Die grobgehackten Nüsse und das in feine Würfel geschnittene Orangeat und Zitronat unterziehen. Die Zibeben sowie die Geschmackszutaten dazugeben und zum Schluß das Mehl unterheben. Alles kräftig durcharbeiten und in eine gut gebutterte Kapselform geben. Im Backofen bei mäßiger Hitzezufuhr etwa 45 Minuten backen.

Mir möget älles,
wovor dr Doktor warnt!

Schwäbisches Früchtebrot

Hutzelbrot

750 g Hutzeln (getrocknete Birnenschnitze)
500 g getrocknete Zwetschgen
500 g Mehl
40 g Hefe
1 Prise Salz
150 g Zucker
500 g Feigen
500 g gehackte Nüsse
(Mandeln, Haselnüsse, Walnüsse)
500 g Sultaninen oder Korinthen
50 g Orangeat, fein gewürfelt
50 g Zitronat, fein gewürfelt
25 g Zimt
1 TL Anis
1/2 TL gemahlene Nelken
etwas Fenchel
2 EL Kirschwasser

Die Hutzeln waschen, einweichen und eventuell etwas kleiner schneiden. In wenig Wasser etwa 1/2 Stunde kochen, alles über die entsteinten Zwetschgen schütten und über Nacht ziehen lassen.

Am nächsten Tag das Mehl in eine Schüssel geben, eine kleine Vertiefung machen und die mit etwas erwärmter Schnitzbrühe (Einweichwasser) angerührte Hefe für einen Vorteig in die Grube geben. Wenn dieser etwas gegangen ist, mit der Schnitzbrühe und Salz einen festen Teig bereiten und ihn kräftig durcharbeiten. Nun die in Mehl gewendeten Früchte untermischen; dabei jedoch nicht mehr stark kneten. Geschmackszutaten und Gewürze sowie (nach Geschmack) das Kirschwasser zugeben und den Hutzelbrotteig vorsichtig, aber gründlich vermischen. Wenn er sich von der Schüssel löst, mit etwas Mehl bestäuben und zum Gehen an einen nicht zu warmen Ort stellen.

Wenn das Mehl kleine Risse zeigt, aus dem Teig Brotlaibchen formen und mit etwas von der restlichen Schnitzbrühe benetzen. Alles nochmals etwas gehen lassen und auf einem gefetteten Backblech im Backofen bei guter Mittelhitze etwa 1½ Stunden backen. Auf Wunsch die Hutzelbrote vor dem Backen mit geschälten Mandeln und kandierten Früchten verzieren. Kurz vor Ende des Garvorgangs die Laibchen nochmals mit etwas Schnitzbrühe oder Zuckerwasser bestreichen.

Weinbeer, Mandeln, Sultaninen,
süße Feigen und Rosinen,
welsche Nüsse, feingeschnitten,
Zitronat auch, muß ich bitten,
Birnenschnitze doch zumeist
und dazu den Kirschengeist –
wohl geknetet mit der Hand
alles tüchtig durcheinand
und darüber Teig gewoben –
Heißa! das muß ich mir loben,
solch ein Brot kann's nur im Leben
jedesmal zur Weihnacht geben.

Kletzenbrot

600 g Kletzen
(getrocknete, ungeschälte Birnen)
200 g getrocknete Zwetschgen
200 g getrocknete Pfirsiche
200 g Feigen
250 g Rosinen oder Korinthen
150 g Haselnüsse
50 g Orangeat und Zitronat
(beides in Würfel geschnitten)
4 EL Rum (oder Rumaroma)
500 g Roggenmehl und Hefe
(oder 500 g Schwarzbrotteig vom Bäcker)
1/2 TL gemahlener Koriander
1 Messerspitze gemahlener Pfeffer
1 Messerspitze gemahlene Nelken
1/2 TL gemahlener Anis
250 g fertiger Hefeteig
(Mehl, Milch, Zucker, Hefe, Fett, Salz)

Kletzen einige Zeit lang einweichen und im Einweichwasser etwa 20 Minuten kochen. Alles zu den entsteinten Zwetschgen geben und etwas ziehen lassen. Früchte abtropfen lassen, Schnitzbrühe jedoch aufbewahren. Alle Früchte mit den Rosinen, Nüssen, Orangeat und Zitronat mischen, Rum dazugeben und ziehen lassen. Vorbereiteten Schwarzbrotteig mit den oben angegebenen Gewürzen vermengen, gut durchkneten, die Früchte dazugeben und vorsichtig unterheben; dabei immer etwas mit Mehl bestäuben. Aus diesem Teig können etwa 5 Brotlaibe geformt werden.

Den bereits vorbereiteten Hefeteig (250 g) in 5 Teile schneiden und dünn auswellen. In jede Teigplatte 1 Brotlaib wickeln, auf ein bemehltes Backblech legen und mit der Gabel einige Löcher einstechen. Mit der restlichen Schnitzbrühe alle Brotlaibe benetzen und bei guter Mittelhitze knapp 1 1/2 Stunden backen. Anschließend nochmals sofort mit der Schnitzbrühe bestreichen.

Magenbrot

250 g Weizenmehl
250 g Roggenmehl
250 g Zucker
1 Ei
1/2 TL gemahlene Nelken
1/2 TL Zimt
1 Päckchen Backpulver
1 Tasse Milch

für den Guß:
250 g Zucker
1 EL Kakaopulver
6 EL Wasser

Aus Mehl, Zucker, 1 Ei, Gewürzen, Backpulver und Milch einen geschmeidigen Teig bereiten und gut fingerdick ausrollen. In 3 cm dicke Streifen schneiden und auf einem gebutterten Backblech goldbraun backen.

Das Magenbrot noch warm in kleine Quadrate schneiden und zum Erkalten in eine große Schüssel legen. Für den Guß das

Wasser mit dem Zucker und dem Kakao aufkochen, gut verrühren und diese Masse über die erkalteten Würfel gießen und alles vorsichtig durchmengen. Nach dem Trocknen das Magenbrot in eine Blechdose geben und an einem kühlen Ort aufbewahren.

Wenn mr satt isch,
schmeckat elle Gutsle sauer!

Memminger Brot

500 g Mehl
40 g Hefe
75 g Zucker
etwas Salz
50 g Butter
1/4 l Milch
3 EL Rosenwasser
50 g Zitronat, fein geschnitten
50 g Orangeat, fein geschnitten
oder Pomeranzenschale, fein geschnitten
1 TL Anis
1 Messerspitze Fenchel

Aus Mehl, Hefe, Zucker, einer Prise Salz, zerlassener Butter, Milch und Rosenwasser einen festen Hefeteig bereiten, Aromastoffe zufügen und alles kräftig durcharbeiten. Auf einem bemehlten Backbrett etwa 1 cm dick auswellen und mit einem Wasserglas Küchle ausstechen. Diese in der Hälfte zusammenlegen und in eine gebutterte Kastenform (Kapsel) ganz dicht aneinanderlegen. Nachdem der Teig gegangen ist, in der Mitte der Länge nach einen Einschnitt machen und das Backwerk bei guter Mittelhitze im Backofen goldgelb backen.

Danach das noch warme Memminger Brot mit kaltem Wasser bestreichen und nach dem Erkalten so dünn wie möglich aufschneiden.

Wenn d' koi Brot hosch,
iß a Guatsle!

Schnitzbrot

je 350 g getrocknete Birnen-
und Apfelschnitze
500 g getrocknete Zwetschgen (ohne Stein)
3 EL Obstschnaps
500 g Roggenmehl
40 g Hefe
1 EL Zucker
1 TL Salz
1 TL Anis
1 TL Zimt
1/2 TL gemahlene Nelken
250 g grobgehackte Haselnüsse

Die Trockenfrüchte über Nacht in Wasser einweichen. Am nächsten Tag über einem Sieb abtropfen lassen (Einweichwasser aufbewahren), große Früchte eventuell etwas kleiner schneiden, mit dem Schnaps beträufeln und ziehen lassen. In der Zwischenzeit aus dem Mehl, der Hefe, dem Zucker und Salz und etwas Einweichwasser einen festen Hefeteig herstellen und gehen lassen. Dann die Gewürze und die gehackten Haselnüsse untermengen und anschließend die in etwas Mehl gewendeten Schnitze unter den Teig heben. Man sollte nun nicht mehr zu stark kneten, um ein Auflösen der Früchte zu vermeiden.

Nun aus dem Teig einen ovalen Brotlaib formen, mit etwas restlichem Einweichwasser benetzen und ihn auf ein gut gefettetes und mit etwas Mehl bestäubtes Backblech legen. Das Schnitzbrot bei guter Mittelhitze eine reichliche Stunde backen und abschließend noch heiß abermals mit etwas Schnitzbrühe bestreichen.

Besser a Brot em Sack,
als wia a Feder uf em Huat!

Schwäbischer Bund

150 g Butter
6 Eier
200 g Zucker
60 g geschälte Mandeln
100 g Rosinen oder Korinthen
75 g Mehl
75 g Stärkemehl
Saft und Schale einer unbehandelten Zitrone
1/4 l Wasser
3 EL Zucker
2 EL Rum
200 g Puderzucker
Saft von 1 Zitrone
geröstete Mandeln
kandierte Früchte

Die Butter schaumig rühren, Eigelbe und Zucker zugeben und eine Zeitlang alles zusammen rühren. Mandeln halbieren oder grob hacken und mit den Rosinen, dem Mehl, der Stärke sowie dem Saft und der abgeriebenen Schale der Zitrone dazugeben. Eiweiß sehr steif schlagen und zuletzt

vorsichtig unter die Masse heben. Alles in eine gut gebutterte und mit etwas Mehl bestäubte Form geben und etwa 1 Stunde im Backofen bei Mittelhitze backen.
In der Zwischenzeit aus heißem Wasser, dem Zucker und Rum eine homogene Flüssigkeit herstellen und den noch warmen Kuchen damit tränken. Danach mit einem Guß aus Puderzucker und Zitronensaft glasieren und mit gerösteten Mandeln und kandierten Früchten verzieren.

Esse ond Trenka verhält oin,
net 's Schaffa!

Ulmer Brot

500 g Mehl
40 g Hefe
100 g Zucker
1/4 l Milch
50 g Butter
3 Eier
Schale einer unbehandelten Zitrone
1 Messerspitze Anis
1 Eigelb zum Bestreichen
1 Päckchen Vanillezucker

Mehl in eine Schüssel geben und in einer Vertiefung den Vorteig ansetzen. Dazu die Hefe mit etwas Zucker in einem Teil der lauwarmen Milch zerbröseln. Nachdem der Teig gegangen ist, die restlichen Zutaten dazugeben und alles zu einem geschmeidigen Teig verarbeiten. Diesen Hefeteig in 2 bis 3 gleich große Teile schneiden und längliche Brotlaibe daraus formen. Diese auf ein gut gebuttertes Backblech legen, jeweils in der Mitte der Länge nach einschneiden und außerhalb des Schnittes

mit Eigelb bestreichen und mit etwas Vanillezucker bestreuen.
Das Ulmer Brot bei guter Mittelhitze gut 1/2 Stunde im Backofen backen, erkalten lassen und in dünne Scheiben aufschneiden.

**Liaber am Obend koi' Essa,
als am Morga Schulda!**

Vanillebrot

---

150 g Butter
300 g Zucker
250 g Mehl
150 g geschälte, geriebene Mandeln
1 Vanilleschote
einige Tropfen Bittermandel-Backaroma
10 Eiweiß

Butter gut schaumig rühren und den Zukker eine Zeitlang mitrühren. Mehl und Mandeln dazugeben und alles gut vermischen. Das Mark der Vanillestange herausschaben und mit dem Backaroma unter die Masse rühren. Eiweiß zu steifem Eischnee schlagen und zuletzt unterziehen.

Diese Masse in eine große, gebutterte Kastenform füllen und bei guter Mittelhitze gut 1/2 Stunde im Backofen goldgelb backen.

Nach dem Erkalten das Vanillebrot in dünne Scheiben schneiden.

Elisenlebkuchen

150 g geschälte, gemahlene Mandeln
250 g Rohmarzipan
375 g Zucker
6 Eiweiß
150 g Mehl
75 g feingeschnittenes Orangeat
1 TL abgeriebene Zitronenschale
etwa 3 g Pottasche
15 g Lebkuchengewürz
(Zimt, Nelken, Kardamom, Piment)
Oblaten

Mandeln, Marzipan, Zucker und 3 Eiweiße auf mäßig warmem Feuer anrösten, bis die Masse lauwarm ist und sich zu einem Klumpen zusammenballt. Restliche Eiweiße zu sehr steifem Eischnee schlagen und mit den übrigen Zutaten unter die Lebkuchenmasse mengen. Diesen Teig auf die Oblaten streichen und über Nacht gut trocknen lassen. Am nächsten Tag die Lebkuchen im mäßig heißen Ofen backen.

Je nach Belieben die Elisenlebkuchen mit einer Rumglasur (Rum und Puderzucker) bestreichen.

Zviel isch bitter,
ond wenn's Honig wär!

Haselnußlebkuchen

300 g Haselnüsse
6 Eiweiß
100 g Mehl
350 g Zucker
2 Päckchen Vanillezucker
2 Messerspitzen Pottasche
Oblaten

Haselnüsse im Backofen rösten, Schale zwischen den Fingern abbröseln. Die Nüsse grob hacken. Eiweiß zu steifem Schnee schlagen und die Nüsse vorsichtig unterheben. Die restlichen Zutaten dazugeben und die Masse auf die Oblaten streichen. Lebkuchen in den mäßig heißen Backofen geben und bei schwacher Hitzezufuhr backen lassen.

Die Haselnußlebkuchen, wenn gewünscht, auch noch warm mit einer Zitronenglasur (Puderzucker und Zitronensaft) bestreichen.

Honiglebkuchen

400 g Mandeln, geröstet
und in grobe Würfel geschnitten
375 g Zucker
750 g Honig
125 g Orangeat, gewürfelt
125 g Zitronat, gewürfelt
Muskat
5 g gemahlene Nelken
25 g Zimt
eventuell 2 EL Kirschwasser
2 Messerspitzen Pottasche
850 g Mehl

Mandelwürfel mit einem Teil des Zuckers rösten, den restlichen Zuckerteil mit dem Honig aufkochen und das in grobe Würfel geschnittene Orangeat und Zitronat mit den Gewürzen zum Honig geben. Diese Masse vom Feuer nehmen und die in dem Kirschwasser aufgelöste Pottasche und das Mehl unterrühren. Mandelwürfel zugeben und alles zu einem zähen Teig verarbeiten. Auf einem Backbrett fingerdick auswellen und Lebkuchenstücke ausstechen. Diese auf ein gut gefettetes, mit etwas Mehl bestäubtes Backblech dicht aneinanderlegen, über Nacht trocknen lassen und am nächsten Tag bei guter Mittelhitze backen und noch warm mit zum Faden eingekochtem Zuckerwasser überstreichen.

Dear joomert mit ema volla Bauch!

Weiße Lebkuchen

---

500 g Zucker
8 Eier
375 g geschälte, geröstete Mandeln, feinblättrig geschnitten
50 g Zitronat, fein geschnitten
50 g Orangeat, fein geschnitten
300 g Mehl
100 g Stärkemehl
1 TL abgeriebene Zitronenschale
1 Messerspitze Pottasche
15 g Zimt
5 g gemahlene Nelken
1 g Kardamom
etwa 12 Oblaten

Zucker und ganze Eier eine Zeitlang kräftig schaumig rühren und die restlichen vorbereiteten Zutaten der Reihe nach untermengen, daß eine zähe Masse entsteht (diese darf nicht von der Oblate fließen, sonst noch etwas Mehl unterrühren). Nun die Masse auf die Oblaten streichen und diese bei mäßiger Hitzezufuhr etwa 45 Mi-

nuten backen. Die noch ofenwarmen Lebkuchen nach dem Herausnehmen sofort ein- oder zweimal teilen und auf einem Kuchenrost zum Auskühlen auslegen.
Nach Wunsch die Lebkuchen nach dem Backen mit einer Eiweißglasur (1 Eiweiß, etwas Zitronensaft, etwa 150 g Puderzukker) bestreichen.

Der ißt, daß em d'
Ohra wacklet!

Gewürzteig (für Weihnachtsfiguren)

100 g brauner Zucker
250 g Honig
150 g Butter
2 EL Kakaopulver
Zimt
Anis
Nelken
Muskat
Fenchel, gemahlen
(Gewürze je nach Geschmack)
250 g Mehl
150 g geriebene Mandeln
1/2 EL Backpulver
1 Ei

Zucker, Honig und Butter in einer Pfanne erhitzen, bis sich der Zucker aufgelöst hat. Kakaopulver und Gewürze zugeben und erkalten lassen.
Aus Mehl, Nüssen, Backpulver und dem Ei einen Teig herstellen und mit der erkalteten Honigmasse zu einem glatten, homo-

genen Teig verarbeiten. Dieser sollte über Nacht an einem warmen Ort ruhen.

Auf einem mit Alufolie belegten Backblech knapp 1 cm dick auswellen und mit einem sehr scharfen Messer die gewünschten Motive ausschneiden. Es empfiehlt sich, Motive, wie z. B. Tannenbaum, Weihnachtsmann, Engel, Glocke, Herz, Knusperhäuschen, erst aufzuzeichnen und dann in Form einer Schablone auf den Teig zu legen, um die Umrisse sicherer abschneiden zu können. Die Figuren bei guter Mittelhitze etwa 10 Minuten backen. Nach Erkalten, wenn gewünscht, diese mit verschiedenfarbigen Spritzglasuren, Nüssen, kandierten Früchten etc. verzieren.

Weihnachtliches Brauchtum

Die vorweihnachtliche Zeit des Advents gilt heute als besinnliche und stille Zeit der Vorfreude auf die bevorstehende Geburt Christi. Noch bis ins späte 18. Jahrhundert hinein wurde die Adventszeit jedoch als Zeit des Fastens und der Buße angesehen.

Heute sind diese Wochen vor dem Weihnachtsfest ausgefüllt mit zahlreichen Festtagsvorbereitungen, mit würzigem Tannengeruch, Lichterglanz, dem Duft von Bratäpfeln und vor allem mit dem Backen der beliebten Weihnachtsgutsle.

Zu früheren Zeiten stellte man große Mengen von Früchtebroten, Plätzchen und süßen Köstlichkeiten her, um allen Besuchern davon anbieten zu können. Diese Backwaren dienten auch als Geschenk für Freunde, das Gesinde und vor allem für die Kinder.

Dieser Brauch ist ebenso alt wie die Sitte des üppigen und aufwendigen Festmahls am Weihnachtstag. Unsere Vorfahren, die das Weihnachtsfest noch nicht kannten, feierten bereits um die Zeit der Wintersonnenwende reichhaltige Festgelage. Die Germanen glaubten zum einen an die Zauberkraft bestimmter Speisen, und zum anderen fiel in die kalte Jahreszeit das Schlachten der über das ganze Jahr gemästeten Schweine und Gänse. Diese vorweihnachtliche Zeit war eine Zeit des Schlemmens und des Überflusses, wie man das bei den Germanen sonst das ganze Jahr hindurch nicht antreffen konnte.

Aber auch der Aberglaube spielte bei diesen üppigen Festmahlen eine gewichtige Rolle. Unsere Ahnen waren der Meinung, daß man ein Jahr auch so aufhören sollte, wie man es anfing, und wer zu Beginn eines neuen Jahres reichlich zu essen hat, dem wird es das ganze Jahr über auch an nichts fehlen.

Diese Festmahle zur Wintersonnenwende sind aber auch auf die germanischen Opfergaben in Form von Speis und Trank zurückzuführen, um die Götter günstig zu stimmen und um eine reichliche Ernte für das kommende Jahr zu erbitten.

Nach der Christianisierung galt die Adventszeit lange als Fastenzeit, so daß die reichlichen Speisen an den Weihnachtstagen und zu Neujahr als logische Konsequenz für das lange Fasten angesehen werden können.

Die Advents- und Weihnachtszeit erstreckt sich im weitesten Sinn von Martini am 11. November bis zum 2. Februar, an dem Mariä Lichtmeß begangen wird. Es ist die Zeit der langen Nächte, der Besinnlichkeit, des Brauchtums, dessen Mittelpunkt das strahlende Fest von Christi Geburt darstellt.

Das Datum von der Geburt Jesu ist nicht überliefert, dennoch wurde es nicht willkürlich eingeführt. Der 25. Dezember war bei vielen Völkern von großer Bedeutung. Seit jeher wurde zu dieser Zeit der Tag der Sonnenwende sowohl im westlichen asiatischen, im nordafrikanischen als auch im europäischen Raum gefeiert. In Ägypten fällt der Isiskult auf dieses Datum. Die Gemahlin des Osiris, die als Naturkraft verehrt wurde, soll zur Sonnenwende den altägyptischen Sonnengott geboren haben.

Der asiatische Mithraskult und auch die Römer feierten an diesem Tag den Geburtstag des unbesiegten Sonnengottes, und Rom feierte außerdem zu Ehren des Gottes Saturn die Saturnalien, dazu gehörten u. a. das gegenseitige Beschenken mit Kerzen und die Bedienung der Sklaven durch ihre Herren. Im nordischen Kulturkreis beging man das Fest der Wintersonnenwende, das sowohl ein Toten- als auch ein Fruchtbarkeitsfest war.

Papst Hippolyt unternahm bereits um 217 n. Chr. den ersten Versuch, diese unterschiedlichen Kulturformen zu überlagern, indem er die Geburt Christi auf den 25. Dezember festsetzte. Aber erst im Jahre 381 wurde auf dem 2. Konzil zu Konstantinopel unter Kaiser Theodosius diese Regelung endgültig verkündet. Die Datierung des Christfestes auf den 25. Dezember ist also eine religionspolitische Entscheidung, getragen von den Bestrebungen der christlichen Kirche, heidnisches Brauchtum innerhalb der Grenzen des Römischen Reiches auszumerzen. Erst im frühen Mittelalter setzte sich dieses Datum als Geburt Christi auch im Reich Karls des

Großen durch. Hier im deutschsprachigen Bereich löste es germanisches Brauchtum, verbunden mit dem Wotanskult und Geisterglauben, ab. Auf diese Weise füllte die Kirche heidnische Feste mit christlichen Inhalten und konnte die neue Lehre – basierend auf den Wurzeln des Althergebrachten – besser durchsetzen.

Sebastian Frank, der von 1499 bis 1542 lebte, schrieb in seinem „Weltbuch“ über das Verhalten der Schwaben am Martinstag (11. November) und zu Nikolaus (6. Dezember):

„Sankt Martinus und Sankt Nicolaus celebriert dies Volk (die Schwaben) wunderlich, doch unterschiedlich. St. Martin im Hauss, ob Tisch. St. Niclas in den Kirchen. Erstlich loben sy St. Martin mit guotem Wein, geussen bis sy voll werden. Unselig ist das Hauss, das nit auf der Nacht eine Gans zu essen hat. Da zapffen sy gar newen Wein an, den sy bisher behalten haben.“

Wesentlich neueren Datums ist die Sitte, in der Vorweihnachtszeit einen Adventskranz mit vier Kerzen aufzustellen. Die

Idee zu diesem schönen Brauch hatte Mitte des 19. Jahrhunderts Johann Heinrich Wichern, der Gründer der Inneren Mission. In dem Waisenhaus „Rauhes Haus“ in Hamburg soll der erste Adventskranz in heller Lichterpracht erstrahlt sein. Die immergrünen Zweige dieses Attributs an die Vorweihnachtszeit symbolisierten schon in alten Zeiten die ungebrochene Lebenskraft, und es hieß, daß von ihnen eine Segenswirkung ausginge. Auch die schon lange vor dem Adventskranz bekannten Kerzen haben eine alte Tradition; sie galten in den dunklen Tagen der Wintersonnenwende als Symbol des Lichts und der Hoffnung. Häufig war der Kranz mit kleinen rotbackigen Äpfelchen geschmückt, die Fruchtbarkeit symbolisierten und an den Sündenfall erinnern sollten.

Der erste Weihnachtsbaum wurde bereits zu Beginn des 16. Jahrhunderts im Elsaß zur Freude von groß und klein aufgestellt. In einer Chronik um 1600 wird von festlich geschmückten Tannenbäumen berichtet, die mit Äpfeln, Oblaten, Zuckerwerk und ähnlichem behängt waren. Kerzen hatten sie jedoch noch keine; diese tauchten erst einige Jahrzehnte später auf. Man vermutet, daß vor allem der europäische Adel diesen schönen Brauch einführte und verbreitete, da einfache Leute sich kaum die teuren Kerzen leisten konnten. Zu Beginn des 18. Jahrhunderts erzählt Lieselotte von der Pfalz in einem vorweihnachtlichen Brief an ihre Tochter von den kerzenbeschmückten Weihnachtsbäumen ihrer Jugendzeit, die sie am Hofe zu Hannover verbrachte.

Johann Peter Hebel, der Mundartdichter, schildert 1805 in seinen „Alemannischen Gedichten" den Christbaum wie folgt:

Was henk i der denn dra?
Ne schöne Lebchueche-Ma,
Ne Gitzeli, ne Mummeli
Und Blüemli weiß und roth und gel,
Vom allerfinste Zuckermehl.

Im 19. Jahrhundert war jedoch der weihnachtliche Lichterbaum im gesamten deutschsprachigen Raum verbreitet. Obwohl er weltweite Nachahmung fand, ist der lichtergeschmückte Tannenbaum ein typisches Symbol stimmungsvoller deutscher Weihnacht geblieben. Selbst Johann

Wolfgang von Goethe schwärmte vom Weihnachtsbaum und widmete ihm 1822 folgendes Gedicht:

Bäume leuchtend, Bäume blendend,
Überall das Süße spendend,
In dem Glanze sich bewegend,
Alt und junges Herz erregend.
Solch ein Fest ist uns bescheret,
Mancher Gaben Schmuck verehret;
Staunend schaun wir auf und nieder,
Hin und her und immer wieder.

E. T. A. Hoffmann schrieb 1816 in „Nußknacker und Mäusekönig“ zur Aufmachung des Christbaums:

„Der große Tannenbaum in der Mitte trug viele goldene und silberne Äpfel, und wie Knospen und Blüten keimten Zuckermandeln und bunte Bonbons, und was es sonst noch für schönes Naschwerk gibt, aus allen Ästen. Als das schönste an dem Wunderbaum mußte aber wohl gerühmt werden, daß in seinen dunklen Zweigen hundert kleine Lichter wie Sternlein funkelten und er selbst in sich hinein- und herausleuchtend die Kinder freundlich einlud, seine Blüten und Früchte zu pflücken.“

Inhaltsverzeichnis

Von der gleichen Autorin

Schwäbisches Süßspeisen-büchle

Eine richtige Mehlspeise gehört zu einem typisch schwäbischen Essen. Wer das nicht glaubt, hat noch nie Kirschenplotzer, Kratzete oder Ofenschlupfer probiert! Im Zuge der Rückbesinnung auf Tradition und Brauchtum erfreuen sich gerade die Süßspeisen wieder wachsender Beliebtheit.

36 Rezepte auf 80 Seiten, 6 Cartoons und 4 Farbabbildungen, kartoniert.

Von der gleichen Autorin

Schwäbisches Gsälz-Büchle

Im Zuge der Rückbesinnung auf alte Werte erlebt auch das Haltbarmachen und Konservieren von heimischen Früchten eine Renaissance. Und das nicht nur im Schwäbischen.

96 Seiten, 52 Rezepte, 6 Cartoons und 4 Farbabbildungen, kartoniert.

Von der gleichen Autorin

Schwäbisches Kuchenbüchle

Die Erfindung des Kuchens soll auf schwäbische Sparsamkeit zurückzuführen sein. Die beim Anheizen des Brotbackofens entstandene Hitze wurde für das Backen von Kuchen ausgenutzt. So entstanden die köstlichen Spezialitäten.

96 Seiten, 48 Rezepte, 6 Cartoons und 4 Farbabbildungen, kartoniert.